Dieses Buch gehört

Liebe Eltern,

wir wollen Ihr Kind beim Lesenlernen unterstützen, und zwar mit spannenden und lustigen Geschichten.

Unsere Bücher mit der liebenswerten Bildermaus begleiten Ihren Sohn oder Ihre Tochter durch die Vorschule. Sie enthalten kurze Geschichten mit einfachen Sätzen sowie großer und leicht lesbarer Schrift. Hauptwörter werden durch kleine Bilder ersetzt. Lesen Sie die Geschichten vor und lassen Sie Ihr Kind die Bilder selbst benennen. Am Ende finden Sie eine Bild-Wörterliste mit den einzelnen Bedeutungen. Viele bunte Illustrationen sorgen außerdem für Lesepausen und helfen, die Geschichte zu verstehen.

So wird der Spaß am Lesen geweckt, und Ihr Kind wird ganz nebenbei von der Bildermaus zum echten Leselöwen!

Ihre

Bildermaus

Maja von Vogel

Tiergeschichten

Illustriert von Dirk Hennig

www.bildermaus.de

FSC
www.fsc.org
MIX
Papier aus ver-
antwortungsvollen
Quellen
FSC® C015559

ISBN 978-3-7855-8577-1
1. Auflage 2018
© 2018 Loewe Verlag GmbH, Bindlach
Umschlag- und Innenillustrationen: Dirk Hennig
Umschlaggestaltung: Michael Dietrich
Vignetten Bildermaus: Angelika Stubner
Reihenlogo nach einem Entwurf von Angelika Stubner
Printed in Poland

www.loewe-verlag.de

Inhalt

Ferkel Fritz und die Sauerei 8

Gemeinsam sind wir stark 17

Zwei Küken entdecken die Welt 25

Zirkuskühe 32

Ferkel Fritz und die Sauerei

Das 🐷 Fritz wohnt im 🐐.

Hier gibt es 🐔, 🐐, 🐑 und

natürlich 🐷. Heute scheint

die ☀️ und Fritz läuft über

die 🌼. Die anderen 🐷

suhlen sich glücklich im 🏞️.

„Mach mit, Fritz!", ruft 🐷 Frida.

Fritz schüttelt den . „Lieber

nicht." Frida kichert. „Fritz traut

sich nicht!" Die  lachen, bis

ihre  wackeln. Traurig zieht

Fritz seinen  ein und versteckt

sich hinter einem .

Die anderen   machen sich

immer über ihn lustig! Nur weil er

keinen   mag. Die kleine

Ella schleicht auf leisen

herbei.

„Ich bin auch lieber sauber",

schnurrt sie. „Ehrlich?", fragt

Fritz. Die  nickt und fängt an,

sich zu putzen. Das Fritz

schaut interessiert zu. „Toll! Das

will ich auch können."

Ella zeigt ihm, wie es geht. Fritz

streckt die  heraus und leckt

sich über die , den und

den . Bald ist er blitzsauber.

Die anderen spielen immer

noch im .

„Fritz ist feige!", ruft Frida. Fritz

wackelt wütend mit den . „Na

warte, die können was erleben!" Er

trabt über die , erst langsam,

dann immer schneller, und springt

in hohem  in den .

Platsch! Es spritzt heftig. Verdutzt

wischt sich Frida den  aus

den . Die anderen  starren

Fritz überrascht an. Fritz lacht.

„Seht ihr? Ich bin nicht feige!

Ich bin einfach lieber sauber."

14

Er stolziert zum  und hüpft

hinein. Wohlig badet er, bis er

vom  bis zu den

wunderbar rosig ist. Ella zwinkert

ihm zu.

„Fritz ist das mutigste  im

ganzen  !", ruft sie. „Und

das sauberste", fügt Fritz hinzu

und lacht glücklich.

Gemeinsam sind wir stark

Der Erni ist neu auf dem

von Heinrich. Er soll auf

die aufpassen, zusammen

mit Henri. Die grasen

friedlich auf der . Gut gelaunt

trabt Erni zur . „Hallo!", ruft

er. „Ich bin der neue ."

Henri liegt vor der  in der  .

Sein  ist ganz grau. Er lebt

schon sehr lange bei  Heinrich.

„Ein  , der  hütet?" Henri

bellt heiser. „Da lachen ja die  !

Das geht bestimmt in die  ."

18

Er legt den  wieder auf die ___

und schließt die ___ . Mit

hängendem ___ schleicht Erni

zum ___ . „Dieser gemeine ___ !",

denkt er und knabbert etwas ___ .

Henri redet keinen  mehr mit

dem 🫏 . Als die ☀️ untergeht,

legt sich der alte 🐕 in seine 🏠

und schnarcht so laut wie sieben

wilde 🦁 .

Aber Erni ist hellwach. Plötzlich

sieh er einen  am  .

Ist das etwa ein  ? Oder

ein  , der es auf die

abgesehen hat? Die  haben

auch etwas bemerkt.

Sie drängen sich auf der

zusammen und blöken ängstlich.

Der  kommt immer näher.

„Iah! Iah!", schreit  Erni, so laut

er kann. Henri schreckt hoch.

Er rennt zum  und bellt wütend.

Der unheimliche ![Schatten] macht

sich aus dem ![Feld]. Erni seufzt

erleichtert. „Die ![Schafe] sind gerettet!"

Auch Henri ist froh.

„Gar nicht schlecht für einen ",

lobt er. Erni reckt stolz den

und wackelt mit den . „Iah",

ruft er. „Gemeinsam sind wir stark!"

Zwei Küken entdecken die Welt

Die 🐤🐤 Kiki und Karl sind

furchtbar neugierig. Sie wollen

unbedingt die 🌍 sehen! „Ihr bleibt

schön hier", sagt Mama 🐔 .

„Ihr seid viel zu klein." Das finden

die 🐤🐤 nicht. Heimlich schleichen

sie aus dem 🏠 .

Dann laufen sie über den  .

Die 🚪 zum 🏠 steht offen.

Die 🐤 schlüpfen hinein. Kiki

rutscht fast auf den 📗 aus.

Huch, ist das glatt! In der 🍳

steht ein 🧺 .

Karl schnuppert. „Das riecht aber

gut!" Schnell klettert er hinein.

Kiki folgt ihm. Da ist ja ein

im  ! Eifrig picken die

die  auf. „Lecker", schmatzt

Kiki. Doch plötzlich wird es dunkel.

27

Der  ist zu! Die  sind

gefangen. „Helft uns!", piepst Karl.

Es beginnt zu schaukeln. Kiki

klappert ängstlich mit dem  .

Was passiert mit ihnen? Da geht

der  wieder auf.

Kiki und Karl blinzeln in die .

Der   steht auf einer . „Na,

so was!", ruft Eva, die kleine

von   Heinrich. „Was machen

denn die  im ?" Eva wird

heute sechs und feiert im .

„Sind die süß!", ruft ein .

Eva hebt die 🐤🐤 heraus. Alle

wollen sie streicheln. Dann futtern

die 👧👦👧👦 den 🍰 und die 🐤🐤

bekommen die 🍰. Kiki und Karl

lassen es sich schmecken.

Später bringt Eva die  zurück

in den  . „Wo wart ihr denn?",

schimpft Mama  . „In der

großen, weiten  ", gähnt Karl.

Die  fallen müde ins

und schlafen zufrieden ein.

Zirkuskühe

Die 🐄🐄🐄 Lilli, Lilo und Lisbeth

langweilen sich. Sie wollen nicht

mehr auf der 🌼 stehen. „Ich

will was erleben", ruft Lilli. „Ich

will berühmt werden", muht Lilo.

„Wir gehen zum ⛺!", beschließt

Lisbeth.

Die  springen über den

und laufen in den . „Wo ist der

nächste ?", fragt Lilli den .

Der zuckt mit den .

Auch  und  haben noch

nie etwas von einem  gehört.

Auf einer  bleibt Lisbeth

stehen. „Dann ist der  eben

hier", muht sie.

34

„Alle mal herhören, gleich fangen

wir an!" Zwischen den

versammeln sich  ,

und   . Sie freuen sich.

Endlich ist mal was los im

„Alle  sind schon da", trällert

Lilli. „Alle , alle!" Lisbeth

dreht sich im ◯ dazu, wackelt mit

den und schwingt ihr . Lilo

geht über einen umgefallenen .

Als sie kurz schwankt, halten

sich zwei kleine  die Augen

zu. Aber Lilo schafft es, ohne

herunterzufallen. Die

klatschen begeistert. Ein  wirft

viele bunte  auf die .

Lilli, Lilo und Lisbeth verbeugen

sich stolz. Als die ☀ untergeht,

kehren die 🐄 auf ihre 🌼 zurück.

„Wo ist das 🌾?", ruft Lilli. „Her

mit dem 🍀, ich kann nicht mehr",

seufzt Lilo. „Berühmt sein macht

eben hungrig", stellt Lisbeth fest.

Dann schlagen sich die drei 🐄

ordentlich die 👃 voll.

Die Wörter zu den Bildern:

 Ferkel

 Schlamm

 Streichelzoo

 Kopf

 Hühner

 Bäuche

 Ziegen

 Ringelschwanz

 Schafe

 Baum

 Schweine

 Katze

 Sonne

 Pfoten

 Wiese

 Zunge

 Klauen

 Hundehütte

 Ohren

 Fell

 Bogen

 Hose

 Augen

 Zaun

 Wassertrog

 Löwenzahn

 Esel

 Ton

 Bauernhof

 Löwen

 Bauer

 Schatten

 Hund

 Fuchs

 Wolf

 Bauernhaus

 Staub

 Fliesen

 Schwanz

 Küche

 Küken

 Korb

 Welt

 Kuchen

 Henne

 Krümel

 Hühnerstall

 Deckel

 Hof

 Schnabel

 Tür

 Tochter

 Garten

 Eichhörnchen

 Mädchen

 Lichtung

 Kinder

 Rehe

 Stroh

 Wildschweine

 Kühe

 Kreis

 Zirkus

 Euter

 Wald

 Tiere

 Hase

 Blumen

 Schultern

 Klee

Maja von Vogel wurde 1973 geboren und wuchs im Emsland auf. Sie studierte Deutsch und Französisch, lebte ein Jahr in Paris und arbeitete mehrere Jahre als Lektorin in einem Kinderbuchverlag, bevor sie sich als Autorin und Übersetzerin selbstständig machte. Heute lebt Maja von Vogel in Norddeutschland.

Dirk Hennig, 1972 in Dortmund geboren, studierte an der Fachhochschule in Münster Grafikdesign und Illustration. Nach einer Beschäftigung als Grafik- und Webdesigner widmet er sich seit 2005 ganz der Illustration von Kinder- und Jugendbüchern.

Noch mehr Lesespaß!

ISBN 978-3-7855-8579-5

ISBN 978-3-7855-8576-4

ISBN 978-3-7855-8606-8

ISBN 978-3-7855-8116-2